COME INIZIARE CON UBUNTU OS

UNA GUIDA RIDICOLMENTE SEMPLICE AL
SISTEMA OPERATIVO OPEN SOURCE LINUX

SCOTT LA COUNTE

ANAHEIM, CALIFORNIA

www.RidiculouslySimpleBooks.com

Copyright © 2021 di Scott La Counte.

Tutti i diritti riservati. Nessuna parte di questa pubblicazione può essere riprodotta, distribuita o trasmessa in qualsiasi forma o con qualsiasi mezzo, comprese fotocopie, registrazioni o altri metodi elettronici o meccanici, senza il previo consenso scritto dell'editore, tranne nel caso di brevi citazioni contenute in recensioni critiche e di alcuni altri usi non commerciali consentiti dalla legge sul copyright.

Responsabilità limitata / Esclusione di garanzia. Nonostante l'impegno profuso nella preparazione di questo libro, l'autore e gli editori non rilasciano dichiarazioni o garanzie di alcun tipo e non si assumono alcuna responsabilità in merito all'accuratezza o alla completezza dei contenuti; in particolare, né l'autore né l'editore potranno essere ritenuti responsabili nei confronti di qualsiasi persona o entità per quanto riguarda eventuali perdite o danni incidentali o consequenziali causati o che si presume siano stati causati, direttamente o indirettamente, senza limitazioni, dalle informazioni o dai programmi contenuti nel presente documento. Inoltre, i lettori devono essere consapevoli che i siti Internet siti Internet elencati in quest'opera possono essere cambiati o scomparsi. Quest'opera viene venduta con la consapevolezza che i consigli in essa contenuti potrebbero non essere adatti a tutte le situazioni.

Marchi di fabbrica. L'uso di marchi registrati in questo libro non implica alcuna approvazione o affiliazione a questo libro. Tutti i marchi (compresi, ma non solo, gli screenshot) utilizzati in questo libro sono utilizzati esclusivamente per scopi editoriali e didattici.

Disclaimer: Si noti che, sebbene sia stato fatto ogni sforzo per garantire l'accuratezza, questo libro non è approvato dal Progetto Debian e deve essere considerato non ufficiale.

Indice dei contenuti

Introduzione *9*

Inizia qui *10*

    Installazione di Ubuntu 10

    Requisiti di sistema 11

    Come ottenere Ubuntu 11

    Creazione di un account 15

    Aggiornamento di Ubuntu 15

Corso intensivo su Ubuntu *17*

    Il menu 18

    Il desktop 21

    Bar Preferiti 23

    Launcher delle applicazioni / Menu 25

    Raggruppamento di applicazioni 27

Software Ubuntu *29*

        Driver aggiuntivi 30

        Solitario 31

        Calendario 32

        Formaggio 34

        File 36

        Firefox 37

        Supporto linguistico 37

        LibreOffice Calc 38

        LibreOffice Draw 39

        LibreOffice Impress 40

        Scrittore LibreOffice 41

        LivePatch 42

        Mahjongg 42

Miniere 43
Statistiche sulla potenza 43
Remmina 44
Rhythmbox 45
Impostazioni 47
Shotwell 47
Software e aggiornamenti 49
Aggiornamento software 49
Preferenze delle applicazioni di avvio 50
Disco di avvio 51
Sudoku 52
Editor di testo 53
Thunderbird 54
Da fare 55
Trasmissione 57
Software Ubuntu 58
Video 59
Cartella Utilità 60

Utilità Ubuntu *62*
Responsabile dell'archivio 63
Backup 65
Calcolatrice 65
Caratteri 67
Analizzatore dell'uso del disco 69
Dischi 69
Scanner per documenti 70
Visualizzatore di documenti 70
Caratteri 71
Aiuto 71
Visualizzatore di immagini 72
Tronchi 72
Password e chiavi 73
Schermata 74
Monitoraggio del sistema 75
Terminale 76

Impostazioni di Ubuntu *77*

Rete 78
Bluetooth 78
Sfondo 79
Aspetto 79
Notifiche 80
Ricerca 81
Applicazioni 81
Privacy 81
Conti online 82
Condivisione 82
Il suono 83
Potenza 84
Display 84
Mouse e touchpad 85
Scorciatoie da tastiera 85
Stampanti 86
Supporti rimovibili 87
Colore 88
Regione e lingua 89
Accesso universale 89
Utenti 90
Applicazioni predefinite 90
Data e ora 91
Circa 92

Suggerimenti e trucchi 93
Terminare i programmi non rispondenti 93
Scaricare un ambiente desktop 95
Installare il software 95
Installare giochi 97

Scorciatoie da tastiera 98
Scorciatoie da tastiera per il desktop 98

Indice 101

Informazioni sull'autore 103

Introduzione

Probabilmente avete usato il sistema operativo Windows; forse avete usato MacOS. Ma Linux?

Linux esiste da anni, ma è ancora relativamente poco utilizzato dalle masse. Questo non significa che non sia potente. Alcuni sostengono che sia più potente di qualsiasi altro sistema operativo.

Questo libro tratterà probabilmente la versione più popolare di Linux: Ubuntu.

Imparerete a conoscere:
- Installazione di Ubuntu
- Dove sono le cose
- Una panoramica delle caratteristiche principali
- Una panoramica del software
- Utilizzo delle utilità di Ubuntu
- Utilizzo delle impostazioni di Ubuntu
- E altro ancora

Il libro è destinato ai principianti che non hanno mai usato Ubuntu o che stanno ancora valutando se scaricarlo o meno.

[1]
Inizia qui

> Questo capitolo tratta di:
> - Installazione di Ubuntu
> - Requisiti di sistema
> - Come ottenere Ubuntu
> - Creare un account
> - Aggiornamento Ubuntu

INSTALLAZIONE DI UBUNTU

Prima di poter utilizzare Ubuntu, è necessario avere Ubuntu. Se state usando un computer che lo possiede già, potete ovviamente saltare questa sezione.

REQUISITI DI SISTEMA

Sebbene sia certamente possibile utilizzare Ubuntu su un computer pesante con molta potenza di elaborazione e RAM, Ubuntu è stato costruito per essere compatibile con i computer più vecchi; molte persone hanno installato Ubuntu su vecchi computer, quindi questo ha senso. I requisiti di sistema essenziali sono riportati di seguito:

- Processore dual core da 2 GHz
- 4 GB di RAM (memoria di sistema)
- 25 GB di spazio su disco rigido (o chiavetta USB, scheda di memoria o unità esterna)
- VGA con risoluzione dello schermo di 1024x768
- Un'unità CD/DVD o una porta USB per il supporto di installazione.
- L'accesso a Internet l'accesso a Internet è utile

COME OTTENERE UBUNTU

Ci sono tre approcci per ottenere Ubuntu: il modo più facile, il modo un po' più difficile e il modo più difficile; questo non significa che nessuno di questi approcci sia complicato, ma alcuni sono più facili di altri.

Se non volete fare sforzi e non volete installare Ubuntu sul vostro computer, vi consiglio di andare online e comprare una chiavetta USB con Ubuntu preinstallato; in genere costano circa 20 dollari e il vantaggio è che potete usarlo sul vostro computer senza installarlo: si avvia dalla USB. Si spegne il computer e lo si riavvia dalla USB; quando si finisce di usarlo, si chiude Ubuntu e si rimuove la USB. Una volta riavviato il computer, il sistema operativo predefinito è ancora presente, insieme a tutti i programmi e i file.

È possibile farlo anche da soli se si dispone di una USB di riserva, ma è necessario trovare una guida online che mostri come installarla.

L'approccio successivo sarebbe quello di eseguirlo in un client virtuale; ciò significa che si installa un software virtuale sul computer e lo si esegue all'interno di quel software virtuale. Ciò significa che il vostro sistema operativo normale e Ubuntu sono in esecuzione allo stesso tempo. Questo è il metodo che uso attualmente.

Io uso Parallels per Mac (è disponibile anche per Windows); esistono altri software che funzionano in modo simile.

Dopo aver scaricato Parallels, vi chiederà quale sistema operativo volete installare (supporta Windows e Linux); se non vi viene richiesto di installarlo, dovrete semplicemente fare clic sul + nell'angolo in alto a destra.

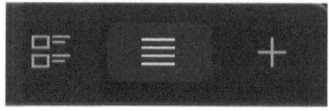

È possibile scaricare Ubuntu, che è gratuito (Parallels, invece, non è gratuito).

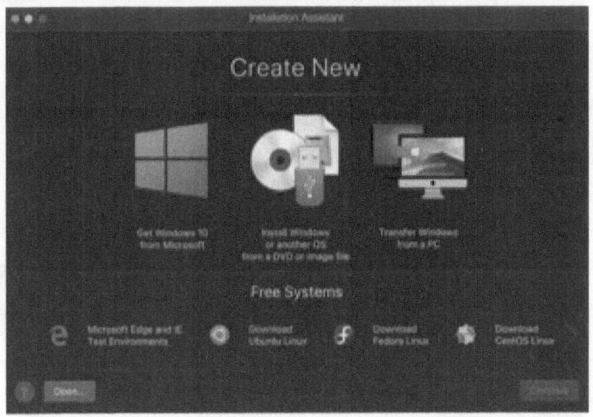

Il programma indica la quantità di spazio necessaria e si fa clic su Download per iniziare.

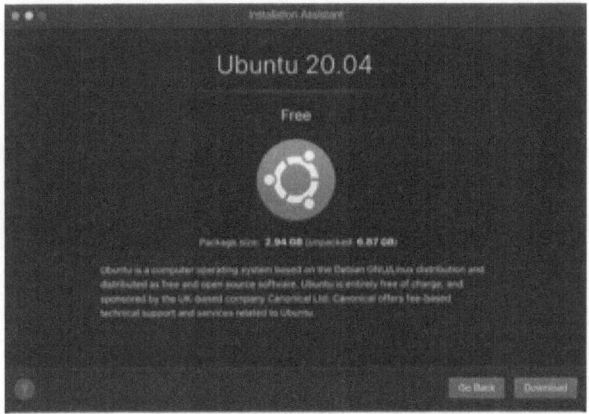

Una volta installato, ogni volta che si desidera eseguire Ubuntu, basta aprire Parallels e fare clic su di esso dalla casella del Centro di controllo.

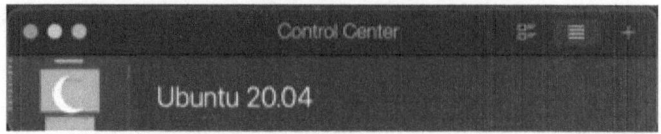

Notate nell'immagine sottostante che la barra dei menu di Mac OS è visibile mentre Ubuntu è in esecuzione? Questo perché i due programmi sono in esecuzione contemporaneamente.

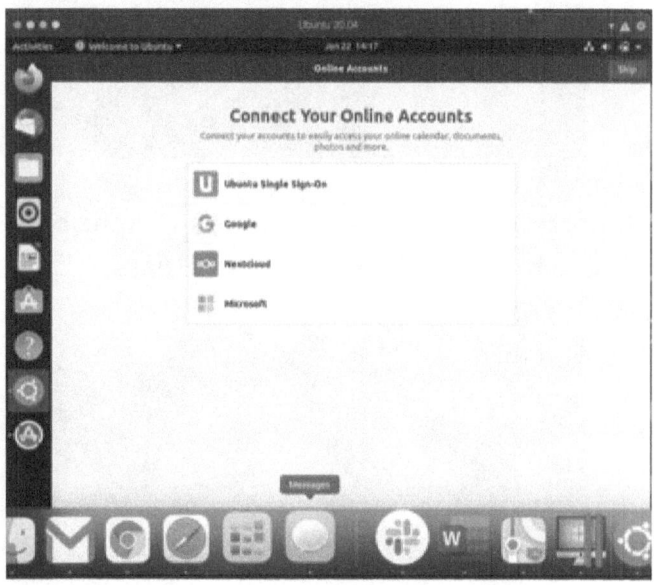

L'esecuzione congiunta dei sistemi operativi richiede molta energia, quindi non fatelo a meno che il vostro computer non sia più recente e in grado di supportarlo, altrimenti vi accorgerete che il funzionamento è piuttosto lento.

Infine, l'ultimo modo per ottenere Ubuntu è andare su https://ubuntu.com e scaricarlo, quindi seguire le istruzioni per eseguirlo sul computer in modo nativo: ciò significa che il computer viene cancellato e ogni volta che lo si avvia, viene eseguito Ubuntu. Il vostro computer sarà un computer esclusivamente Ubuntu.

CREARE UN ACCOUNT

La prima volta che si esegue Ubuntu, all'avvio viene chiesto se si desidera connettersi o creare un account. È possibile connettersi o saltare l'operazione (la voce "salta" si trova nell'angolo in alto a destra); se si utilizza Ubuntu su più dispositivi o da una chiavetta USB, allora connetterlo sarebbe una buona idea, poiché sincronizzerà tutto nel cloud.

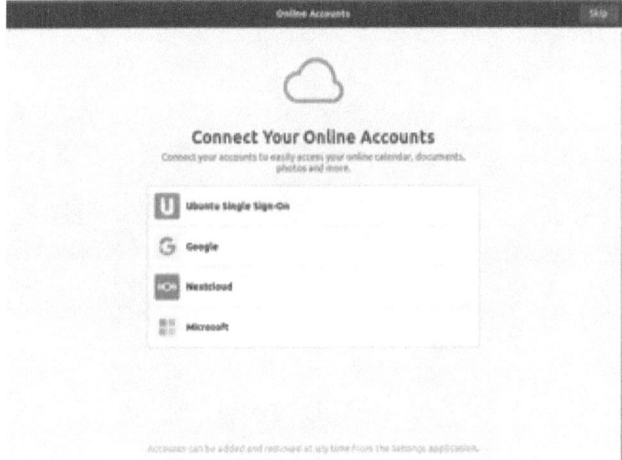

AGGIORNARE UBUNTU

La prossima cosa che probabilmente vedrete è il prompt di Software Updater; vedremo come aggiornare Ubuntu senza questo prompt più avanti nel libro; per ora potete scaricarlo o saltarlo.

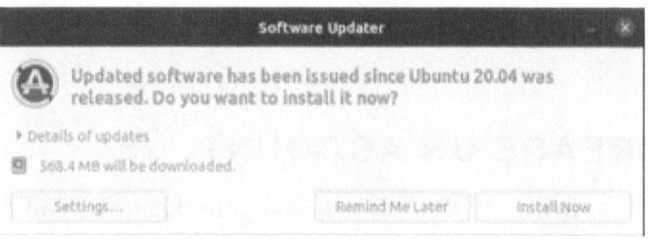

[2]
Corso accelerato di Ubuntu

Questo capitolo tratta di:
- Cosa c'è di nuovo
- Qual è la differenza tra i telefoni?
- Cosmetica del telefono
- Come si confronta

Probabilmente noterete subito che Ubuntu ha molte somiglianze con Windows e Mac. C'è una barra delle applicazioni, un desktop e persino un cestino.

Vediamo i quattro componenti principali di Ubuntu: la barra dei menu in alto, il desktop, la barra dei preferiti e il menu delle applicazioni.

IL MENU

Il menu superiore di Ubuntu è molto più semplice di quello di molti sistemi operativi. Presenta la data e tre opzioni all'estrema destra.

La barra cambia quando sono aperte diverse applicazioni, ma mantiene comunque un design piuttosto scarno.

In molti sistemi operativi, ogni icona del menu in alto a destra apre un menu separato; non è così in Ubuntu: fate clic su una qualsiasi di esse e si aprirà lo stesso menu di opzioni.

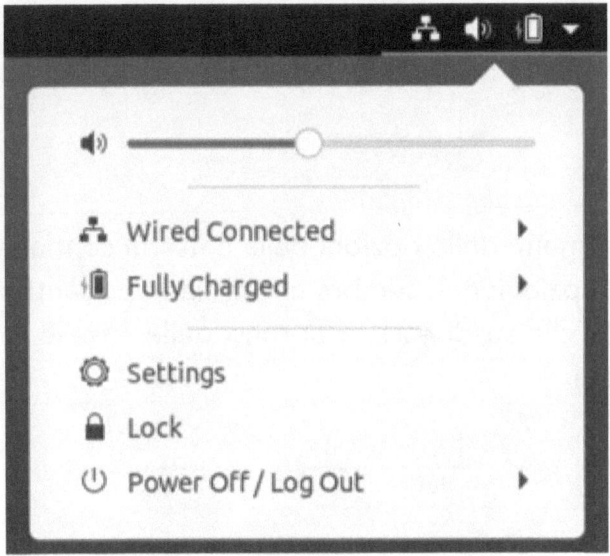

La freccia a destra dell'opzione indica che sono disponibili altre opzioni. In Connessione via cavo, ad esempio, è possibile disattivare la connessione o accedere alle impostazioni di rete.

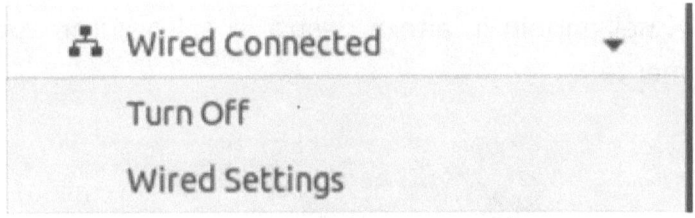

Impostazioni di alimentazione è un'opzione da approfondire se si dispone di un computer portatile che si affida a una batteria, ma può essere utile anche su un computer desktop se si desidera che il monitor si spenga quando non è in uso o semplicemente se non si vuole consumare tanta elettricità.

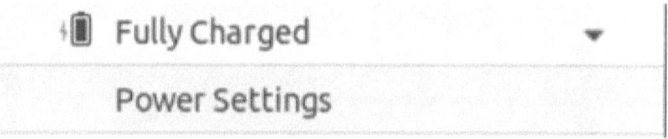

Il menu delle opzioni della batteria contiene solo tre opzioni; non sembra che ci siano pulsanti, ma se si fa clic su di essi, si aprono delle caselle a comparsa.

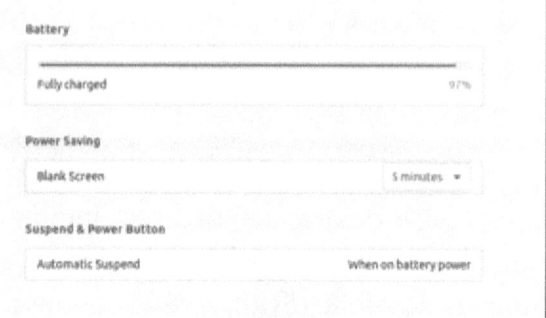

Per chiudere uno dei riquadri, basta fare clic sulla X nell'angolo in alto a destra (si salva automaticamente).

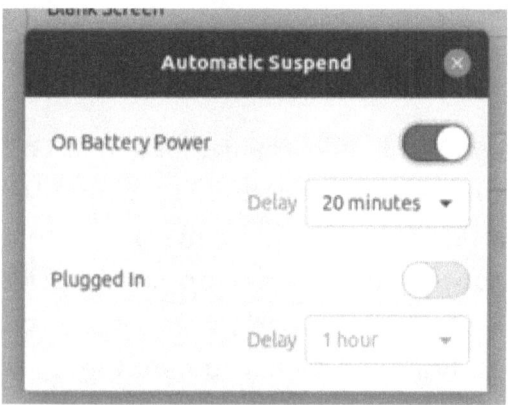

Esistono alcune opzioni per spegnere il computer:
- Blocca - Consente di mantenere il computer acceso, ma di visualizzare una schermata di accesso; è utile se si sta facendo una pausa caffè e non si vuole che nessuno usi il computer mentre si è lontani.
- Esci - Consente di uscire dall'account e di tornare alla schermata di accesso.
- Sospensione - Mette il computer in modalità standby.
- Spegnimento - Il computer è completamente spento.

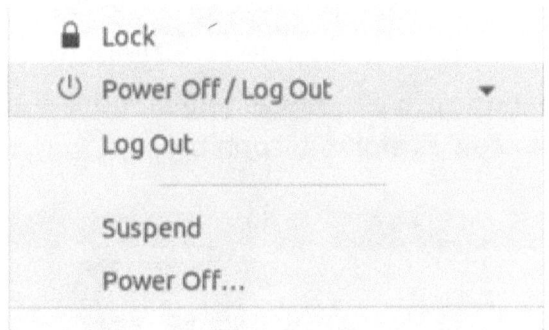

IL DESKTOP

Il desktop sarà piuttosto vuoto. È possibile trascinare le applicazioni sul desktop per creare dei collegamenti. È anche possibile fare clic con il pulsante destro del mouse su un punto qualsiasi del desktop per aprire alcune opzioni. La maggior parte di queste opzioni non verrà utilizzata.ad esempio, è un programma di comando simile al DOS che non verrà trattato in questo libro.

L'opzione che probabilmente la maggior parte delle persone vorrà modificare è lo sfondo.

Quando si fa clic su Cambia sfondo, si apre una finestra con gli sfondi disponibili.

Non ci sono molti sfondi tra cui scegliere; se si desidera aggiungere il proprio, basta fare clic su Aggiungi immagine nell'angolo superiore.

Quando si iniziano a cancellare oggetti su Ubuntu, questi finiscono nel Cestino come in qualsiasi altro sistema operativo; è possibile svuotarlo allo stesso modo, facendo clic con il pulsante destro del mouse e selezionando Svuota cestino.

BARRA DEI PREFERITI

La barra dei preferiti ospita le applicazioni più utilizzate; l'idea è quella di fornire un accesso rapido e semplice.

Può essere un po' strano vederlo a sinistra; su Windows e Mac, ad esempio, si vede qualcosa di simile in basso. Inoltre, non è possibile spostarla facilmente come su Windows se non si gradisce il posizionamento. Tuttavia, è possibile spostarlo a destra o in basso: si trova in Impostazioni e lo tratterò più avanti nel libro.

I programmi che vedete nella barra dei preferiti sono presenti per impostazione predefinita quando installate Ubuntu, il che significa che potrebbero non essere i vostri preferiti. Se si tratta di un programma che non si usa, fare clic con il tasto destro del mouse e scegliere Rimuovi dai preferiti.

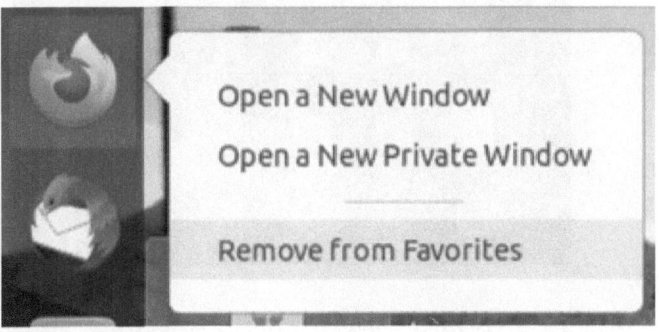

LAUNCHER DELLE APPLICAZIONI / MENU

Infine, l'ultima area, che si trova nella parte inferiore della barra dei preferiti, è il lanciatore di applicazioni. Qui si trovano tutti i programmi attualmente installati su Ubuntu.

Quando si installa per la prima volta non ce ne sono molte, solo due schermate, ma è possibile cercare il programma nella parte superiore per rendere le cose un po' più semplici.

Nella parte inferiore, è anche possibile alternare tra Tutti e Frequenti per mostrare solo i programmi più utilizzati.

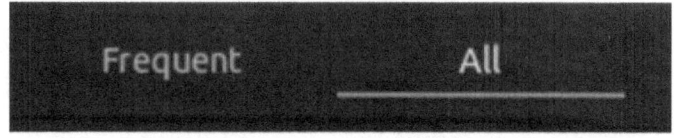

Se si desidera copiare (senza spostarlo del tutto, in modo da avere ancora una copia nel menu delle applicazioni) uno dei programmi nella barra dei preferiti, fare clic con il pulsante destro del mouse sul programma e fare clic su Aggiungi ai preferiti.

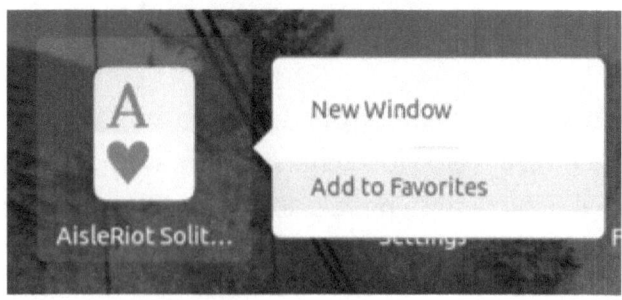

RAGGRUPPAMENTO DI APPLICAZIONI

Quando si iniziano ad avere molte app, ha senso raggrupparle per facilitare la ricerca di ciò che si sta cercando. Ad esempio, si possono mettere tutti i giochi in un unico posto. Per raggruppare le app, fare clic e tenere premuta l'app che si desidera raggruppare, quindi spostarla sopra l'app con cui si desidera raggrupparla.

Quando si rilascia il mouse, vengono raggruppate insieme. È possibile continuare a raggruppare trascinando altre applicazioni nella stessa cartella.

[3]
SOFTWARE UBUNTU

Questo capitolo tratta di:
- Panoramica del software
- LibreOffice panoramica
- Macchina fotografica
- Giochi
- Software e aggiornamenti
- E altro ancora

Samsung è un telefono Android... più o meno.

Anche se la gente dice "telefono Android", bisogna capire che Android di per sé non è un "telefono". Android è il sistema operativo del telefono (un po' come il vostro computer probabilmente esegue Windows). Samsung gestisce il sistema operativo Android, ma dietro a questo sistema operativo c'è un hardware e una tecnologia unici.

Samsung è un telefono basato sul sistema operativo Android. Più o meno... ma non esattamente! Eh? Lo so! È un po' confuso, vero?

Molti telefoni Android utilizzano il sistema operativo di Google e non sono

Ubuntu è ricco di software libero; alcuni probabilmente li userete ogni giorno, altri probabilmente non li userete mai dopo averli letti. Questo capitolo illustra tutti i software presenti in Ubuntu e ne illustra brevemente le funzioni, in modo che possiate decidere se utilizzarli in seguito.

Per iniziare, fare clic sul lanciatore di app nella barra dei preferiti.

DRIVER AGGIUNTIVI

La prima applicazione è Driver aggiuntivi.

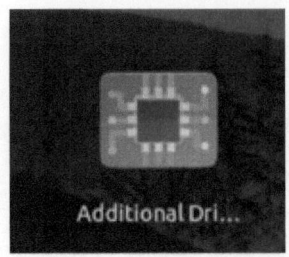

È qui che si va se si acquista una nuova stampante, un nuovo mouse, ecc. e si devono installare altri driver per farli funzionare.

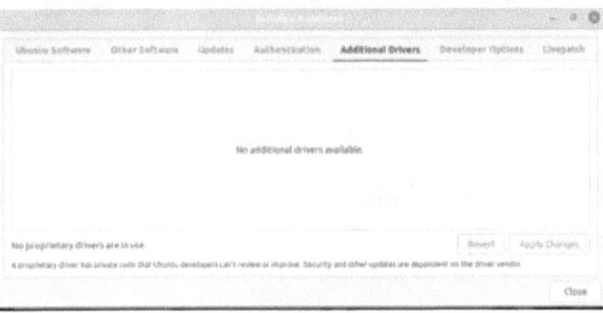

SOLITARIO

La prossima applicazione è Solitario.

Come probabilmente si può intuire, il Solitario è un gioco di carte.

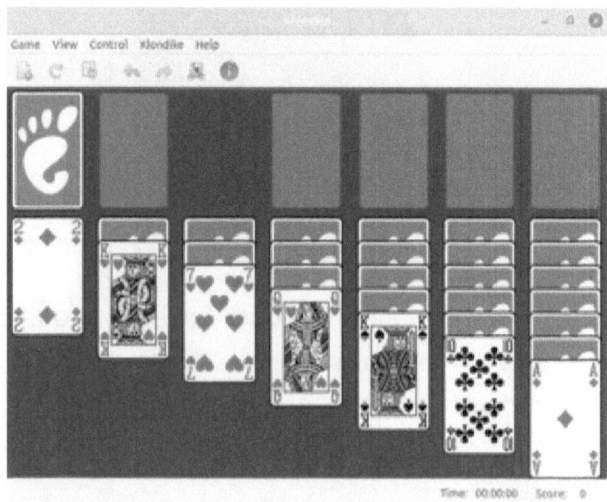

Calendario

Calendario è il luogo in cui si prendono gli appuntamenti in Ubuntu.

Quando lo si avvia, viene visualizzato il calendario mensile (si può passare alla visualizzazione annuale o settimanale nella parte superiore del software) e le previsioni del tempo per tre giorni; se si è programmato qualcosa, lo si vedrà nella data in cui è stato programmato.

Il modo più semplice per aggiungere (o modificare) un evento è fare clic sulla data in cui si svolge l'evento; in questo modo si apre un riquadro per aggiungere i dettagli dell'evento. Facendo clic su Modifica dettagli si possono aggiungere altre informazioni, come l'ora e il luogo.

È anche possibile aggiungere un evento facendo clic sul segno + nella parte superiore dell'app.

In questo modo si apre un riquadro dell'evento più dettagliato per aggiungere tutte le informazioni.

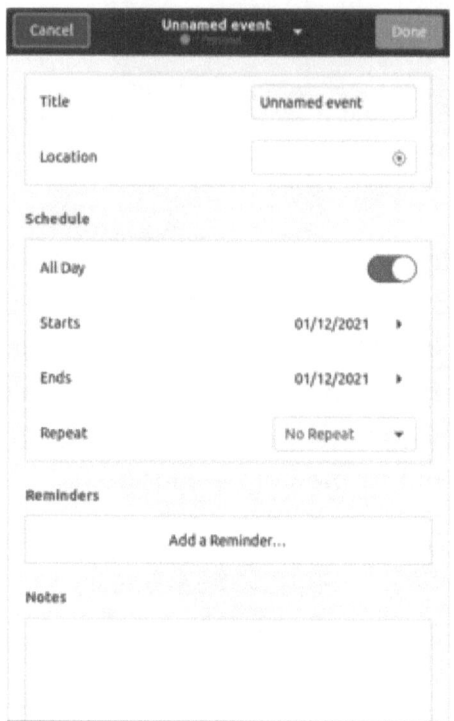

Formaggio

Cheese è un'applicazione di base per la ripresa di foto e video.

Se il computer dispone di una fotocamera, è possibile utilizzarla per registrare un video o scattare una foto. È sufficiente selezionare l'operazione desiderata nella parte inferiore (foto, video, scatto a raffica, ovvero più foto contemporaneamente), quindi fare clic sulla fotocamera alla sua destra. È anche possibile aggiungere effetti alla foto utilizzando l'opzione all'estrema destra.

File

Su Windows si trovano i file con Esplora file, su Mac si usa Finder e su Ubuntu si usa File.

A lato, vengono visualizzati i luoghi più popolari (come Desktop e Download).

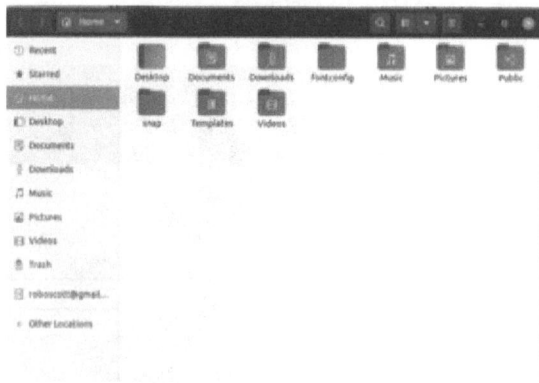

Nell'angolo in alto a destra è anche possibile cercare i file (o modificare la visualizzazione dei file, ad esempio se si desidera mostrare le miniature).

Firefox

Se si desidera navigare in Internetil browser predefinito è Firefox. Perché Firefox e non Chrome? Firefox è sviluppato dall'azienda no-profit Mozilla ed è costruito per piattaforme libere come Ubuntu.

Non sorprende che Firefox ha lo stesso aspetto e funziona come su qualsiasi altro sistema operativo.

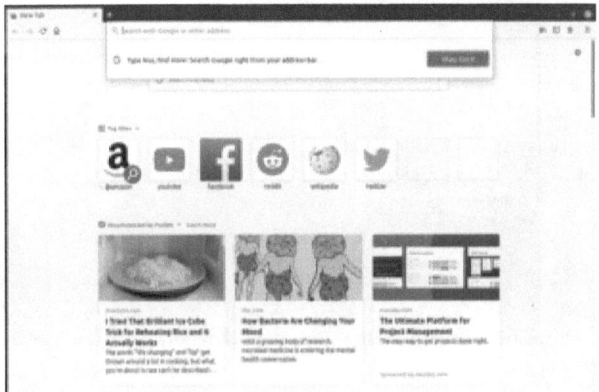

Supporto linguistico

Se si desidera aggiungere un'altra lingua a Ubuntu, è necessario accedere al Supporto lingue.

Quando si apre l'app, viene ricordato che è necessario installare altre lingue; per risparmiare spazio di archiviazione, questo non è incluso nel download iniziale.

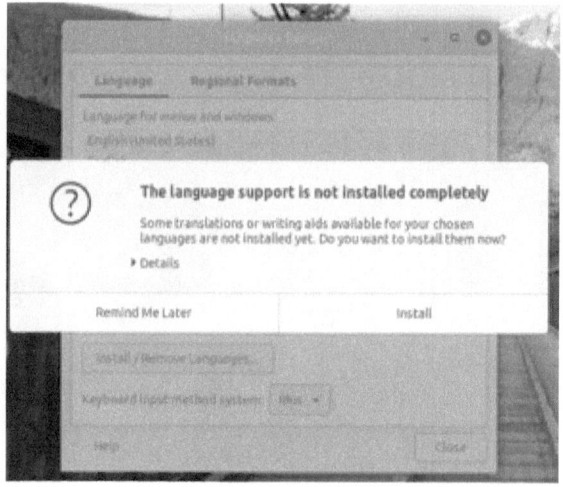

LIBREOFFICE CALC

LibreOffice è il software di produttività fornito con Ubuntu; Calc è un'applicazione per fogli di calcolo.

Se avete già utilizzato Excel, Numbers o qualsiasi altro strumento per i fogli di calcolo, sarà piuttosto facile iniziare a usarlo.

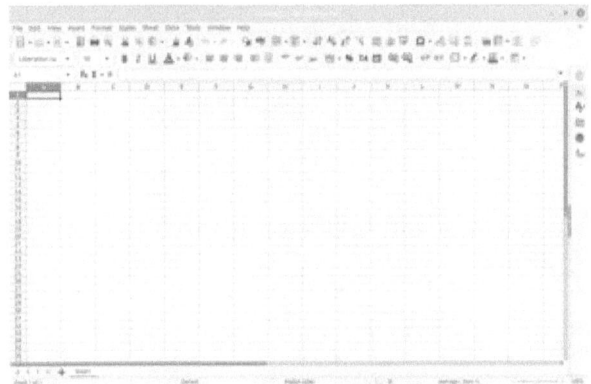

LIBREOFFICE DISEGNARE

Draw è un'applicazione di disegno molto semplice.

Con draw è possibile creare disegni da salvare come PNG o JPG o da esportare negli altri strumenti di LibreOffice. LibreOffice.

LIBREOFFICE IMPRESS

LibreOffice Impress è un software di presentazione.

È molto simile a **PowerPoint** o **Keynote**.

LIVEPATCH

LivePatch installa le patch per Ubuntu.

È una buona idea attivarla (è necessario un account gratuito per farlo), in modo che il computer sia sempre aggiornato e protetto con le ultime patch critiche.

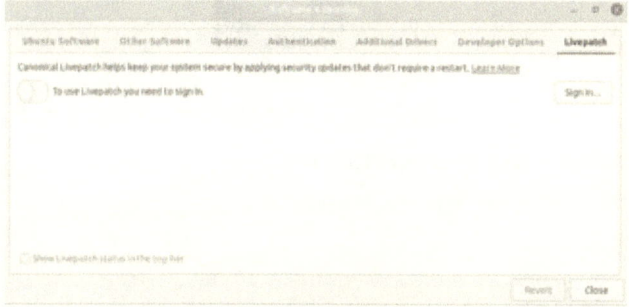

MAHJONGG

Come probabilmente avrete intuito, Mahjongg è un altro gioco per Ubuntu.

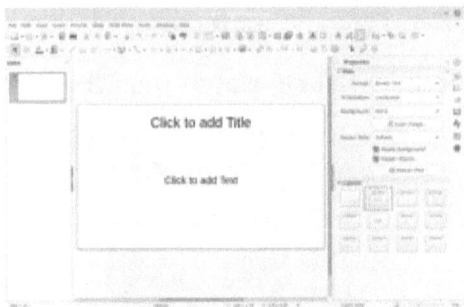

LIBREOFFICE SCRITTORE

L'ultima applicazione di LibreOffice è Writer.

Writer è la versione di Ubuntu di Word o Pages. Serve a creare documenti.

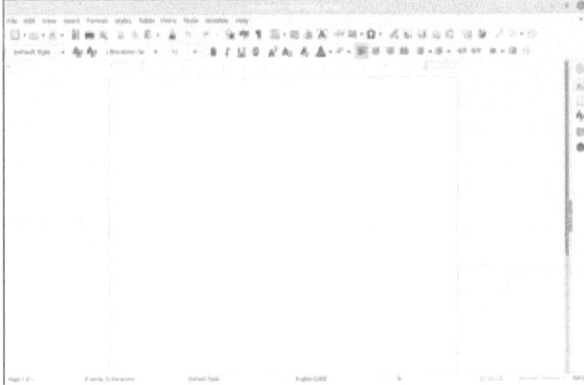

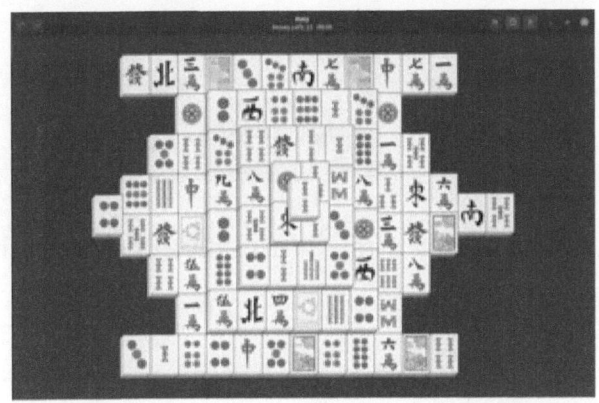

MINIERE

Mines è un altro gioco di Ubuntu molto simile a Minesweeper su Windows.

STATISTICHE DI POTENZA

Power Statistics è un'applicazione essenziale che fornisce informazioni sullo stato di salute della batteria.

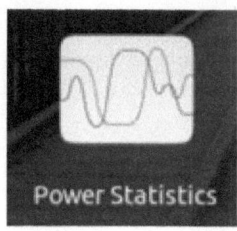

L'applicazione è più informativa che operativa.

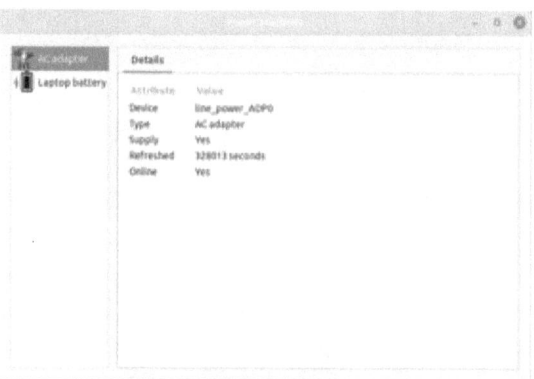

Remmina

Se volete utilizzare il vostro computer in remoto, Remmina vi aiuterà.

Remmina consente di utilizzare Ubuntu per accedere in remoto a un altro computer, in modo da poter prelevare file e altre cose anche quando si è lontani dalla propria scrivania.

Rhythmbox

Rhythmbox è la risposta di Ubuntu a iTunes; serve per ascoltare tutto ciò che è audio.

Sebbene sia possibile utilizzare Rhythmbox per la riproduzione di file MP3, la maggior parte delle persone lo usa per Podcast e Radio.

Quando si fa clic su qualcosa come Podcast, la pagina è vuota. È necessario cercarli e aggiungerli manualmente. Fare clic su Aggiungi.

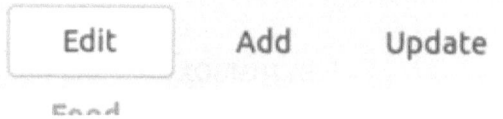

Cercare quindi il nome del PodCast e fare clic per aggiungerlo.

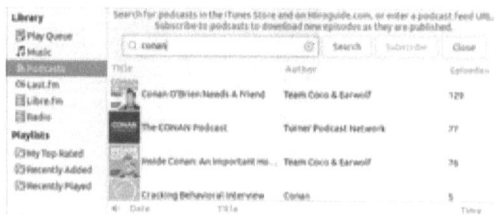

IMPOSTAZIONI

Impostazioni è dove si va per mettere a punto Ubuntu.

C'è molto da trovare in Impostazioni per cui dedicherò più tempo ad analizzarle più avanti in questo libro.

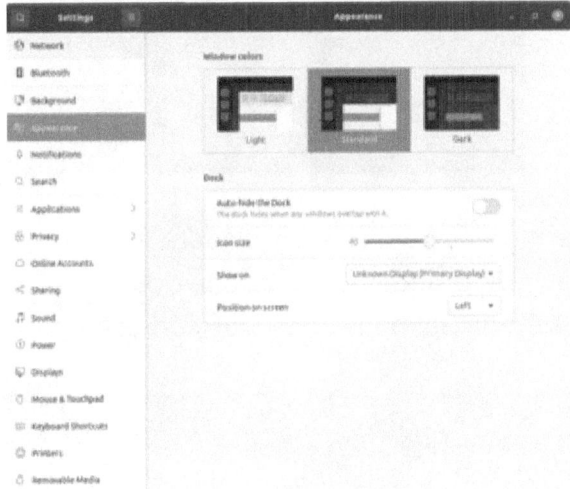

SHOTWELL

Shotwell è un'applicazione per la gestione delle foto.

Quando lo si avvia per la prima volta, sarà vuoto.

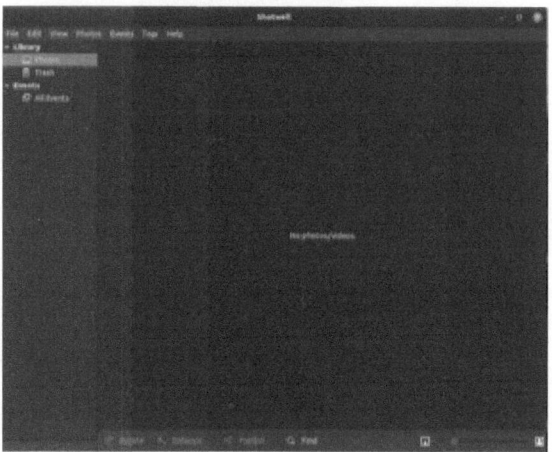

Per aggiungere le foto, andare su File > Importa da cartella, quindi individuare la posizione delle foto (una scheda SD o un'unità USB, ad esempio).

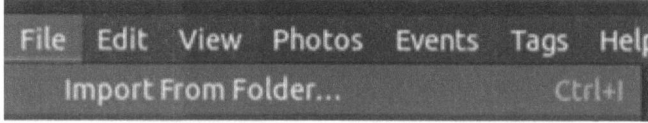

SOFTWARE E AGGIORNAMENTI

Sotto la voce applicazioni sono presenti due programmi di aggiornamento software.

La prima applicazione aprirà Software e aggiornamenti e vi permetterà di selezionare il tipo di aggiornamenti che desiderate ricevere.

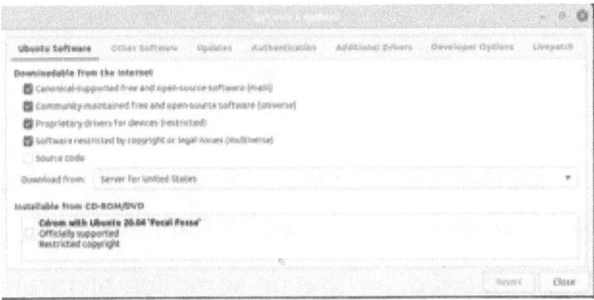

AGGIORNAMENTO SOFTWARE

Il secondo programma di aggiornamento è un auto-checker.

Questa applicazione avvierà una finestra per verificare se sono disponibili aggiornamenti.

Se ci sono aggiornamenti, vi chiederà se volete installarli o se vi ricorderà di farlo.

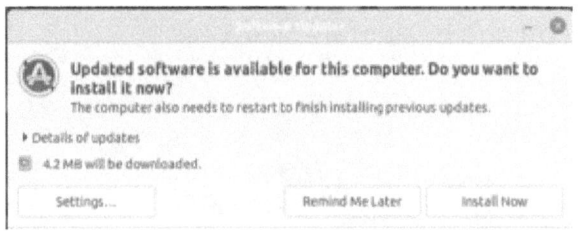

APPLICAZIONI DI AVVIO PREFERENZE

Applicazioni di avvio è un semplice programma di avvio.

È possibile utilizzarlo per selezionare diversi elementi da avviare a ogni avvio del computer.

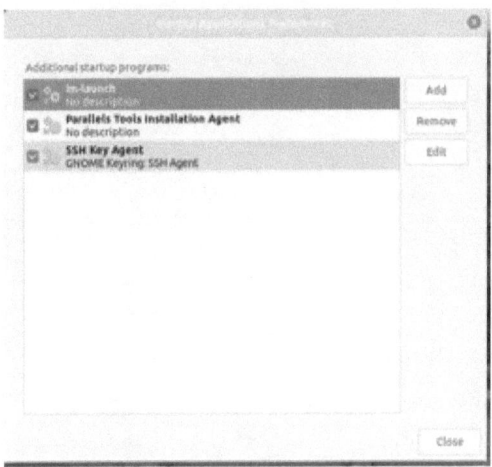

Disco di avvio

Startup Disk consente di creare una versione avviabile di Ubuntu.

A differenza di molti sistemi operativi, Ubuntu è piuttosto leggero, il che significa che non è necessario installarlo sul computer: potete metterlo su una chiavetta USB e avviarlo da un normale computer. Questa applicazione vi aiuta a farlo.

Sudoku

Come probabilmente si intuisce dal nome e dall'immagine dell'icona, Sudoku è la versione Ubuntu del popolare gioco.

All'avvio, è possibile selezionare il livello di difficoltà dell'applicazione.

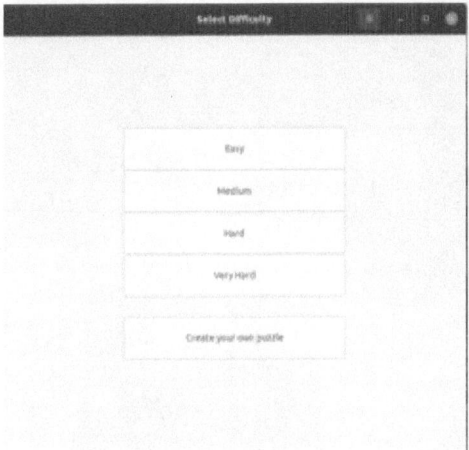

Editor di testo

Esistono due modi per creare documenti su Ubuntu: Writer e Editor di testo.

Editor di testo è per la creazione di note senza linguaggio di markup o font di fantasia; aiuta anche a ripulire il testo: si può copiare e incollare ciò che si trova sul web per rimuovere rapidamente immagini e collegamenti ipertestuali. Elimina qualsiasi elemento di fantasia dal testo.

Thunderbird

Thunderbird è stato creato dai produttori di Firefox.

È la versione di Mozilla di Microsoft Outlook e aiuta a organizzare la posta elettronica.

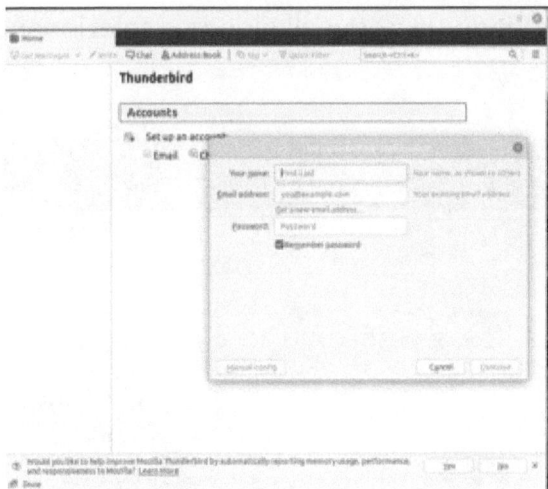

DA FARE

Da fare consente di creare liste di controllo molto semplici.

Quando si apre per la prima volta, c'è un elenco chiamato Personale, ma non c'è nulla al suo interno.

È possibile creare un nuovo elenco facendo clic su Nuovo elenco nell'angolo superiore sinistro, quindi assegnando un nome all'elenco e selezionando Crea elenco.

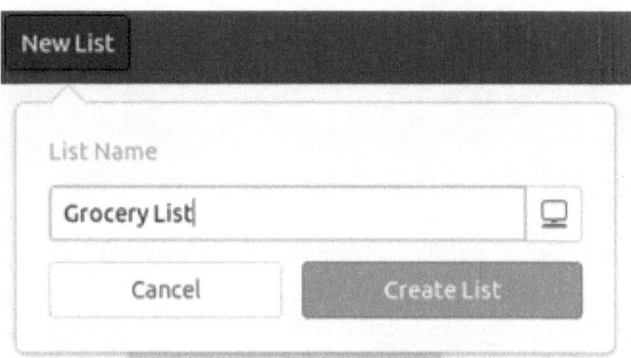

L'elenco apparirà ora, ma sarà ancora vuoto.

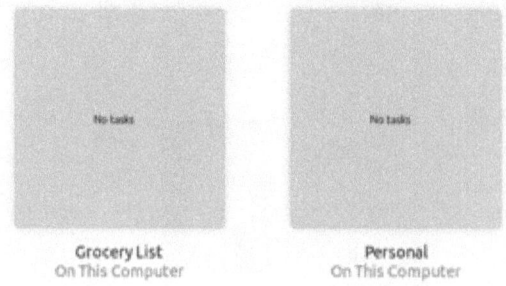

Fare doppio clic su di esso per aprirlo, quindi digitare ciò che si desidera aggiungere e premere Invio.

L'elenco ora mostra le voci.

Grocery List
On This Computer

TRASMISSIONE

Transmission è un'applicazione per la condivisione di file.

Consente di creare il cosiddetto torrent, che gli altri possono scaricare.

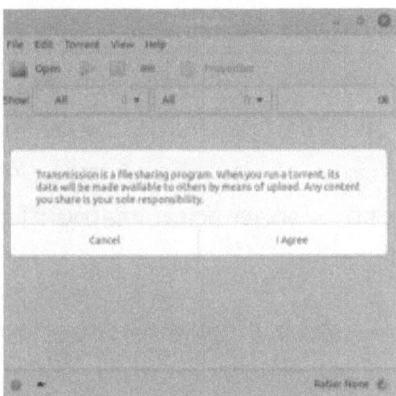

Software Ubuntu

Come avete visto in questa sezione, c'è molto software su Ubuntu, ma ce n'è ancora di più!

L'applicazione Ubuntu Software avvia un negozio online dove è possibile trovare ancora più applicazioni per il computer.

Mostra le app più vendute e quelle consigliate, ma è anche possibile utilizzare la barra superiore per cercare le app; sempre nella barra superiore sono presenti le opzioni per vedere cosa è attualmente installato e se ci sono aggiornamenti per ciò che è stato installato.

VIDEOS

VideoCome probabilmente ci si aspetta, è il luogo in cui si guardano i file video; naturalmente, è possibile guardarli anche nel browser Firefox se il video si trova su un sito web (come YouTube).

Quando si apre l'app, è vuota.

Facendo clic sui canali, vengono visualizzati i diversi servizi video disponibili.

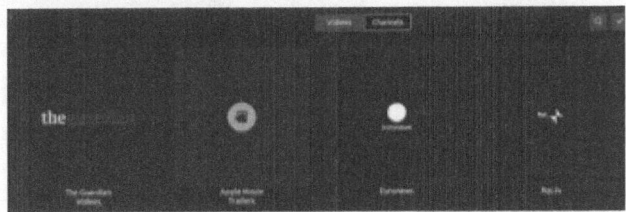

È anche possibile utilizzare il pulsante + nell'angolo in alto a sinistra per aggiungere video.

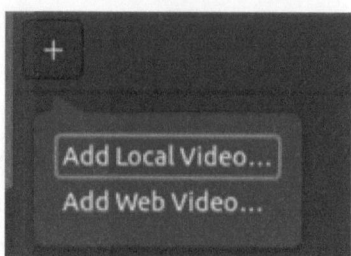

Utilità Cartella

Infine c'è la cartella Utilities .

C'è molto qui, quindi per ora basta sapere dove si trova; lo tratterò in modo più dettagliato in una sezione successiva.

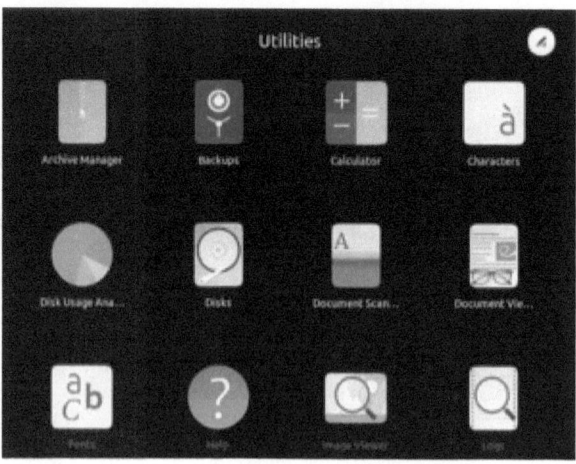

[4]
Utilità di Ubuntu

Questo capitolo tratta di:
- Calcolatrice
- Password e chiavi
- Utilizzo del disco
- Registri
- E non solo!

All'interno del menu Tutte le applicazioni è presente una cartella denominata Utilità come si può intuire dal nome, qui si trovano i programmi che eseguono azioni per aiutare l'utente a monitorare il computer e i documenti.

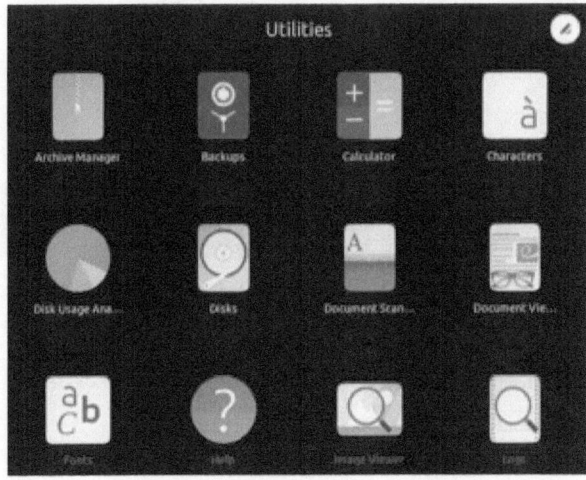

Alcuni di questi programmi verranno utilizzati più spesso di altri, mentre altri non verranno utilizzati affatto. Per aiutarvi a comprenderli, questo capitolo vi fornirà una panoramica delle funzioni di ciascun programma.

Responsabile dell'archivio

Vi è mai capitato di aprire la vostra posta elettronica e di ricevere un messaggio allegato che è stato spedito in formato zip? Questo si chiama file di archivio ed è ciò che fa un gestore di archivi.

Per creare un file di archivio (compresso), fare clic sul pulsante +.

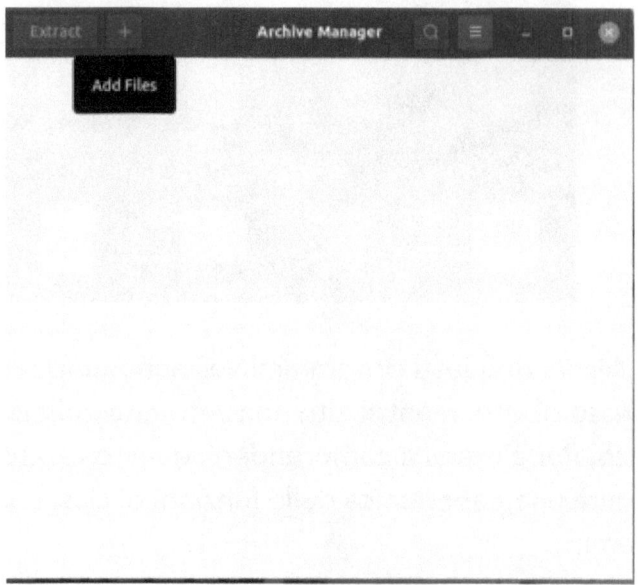

Quindi, dare un nome al file, selezionare il tipo di compressione (ad esempio, .tar.gz) e scegliere la posizione della cartella.

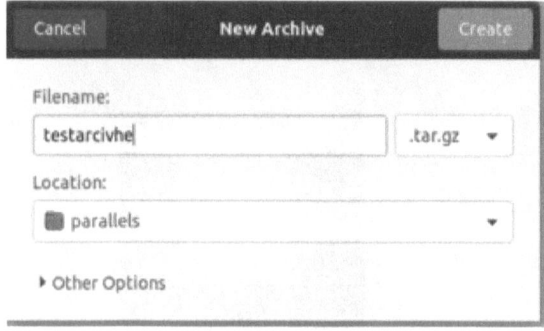

In Altre opzioni è possibile creare una password per crittografare il file e dividerlo in volumi.

BACKUP

Backup crea una copia di sicurezza del computer nel caso in cui si verifichi un errore e sia necessario reinstallare un'immagine del disco; è possibile iniziare una volta aperto il programma facendo clic su Crea backup. Potrebbe essere necessario installare altri file.

CALCOLATRICE

La calcolatrice è probabilmente ciò che vi aspettate: una calcolatrice.

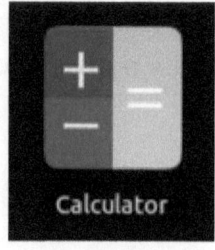

Ma è più di una calcolatrice di base; è possibile selezionare dal menu a tendina diversi tipi di calcolatrice: base, avanzata, finanziaria, di programmazione e a tastiera.

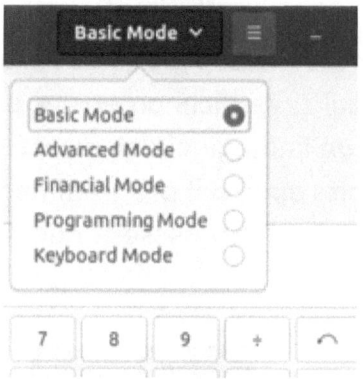

Ogni modalità ha un'interfaccia unica per facilitare i calcoli.

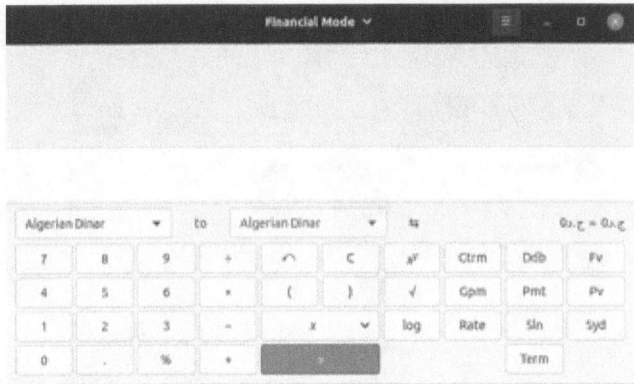

Personaggi

Caratteri è un po' confuso; dall'icona sembra che sia il luogo in cui si aggiungono caratteri e simboli al testo. Questo è vero solo in parte.

Un nome migliore per l'app Caratteri potrebbe essere emoji. Si ottiene un elenco di centinaia di simboli, caratteri ed emoji.

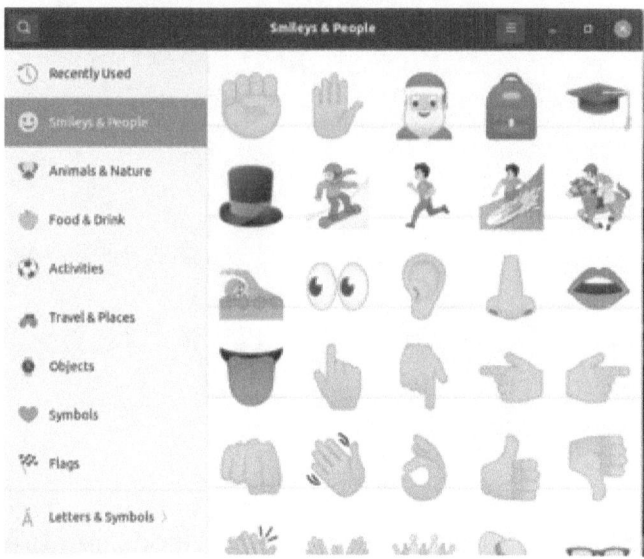

Facendo clic su uno di essi, è possibile copiarlo e incollarlo nel documento.

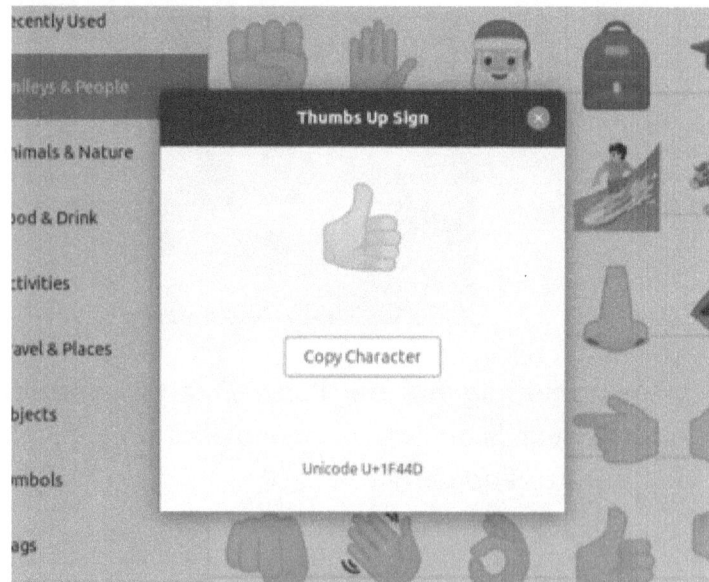

Analizzatore dell'uso del disco

L'analizzatore dell'uso del disco non ha molto da dire. Aiuta a visualizzare la quantità di spazio di archiviazione disponibile su ciascuna unità.

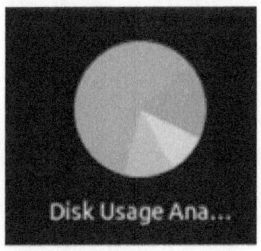

Dischi

I dischi sono il punto in cui si creano altri volumi.

È possibile disporre di un'unica unità disco sul computer, ma è possibile suddividere tale unità in diverse immagini e avere più volumi su di essa. Ad esempio, MacOS è installato su un'immagine e tutti i file di Ubutu sono archiviati su un'altra.

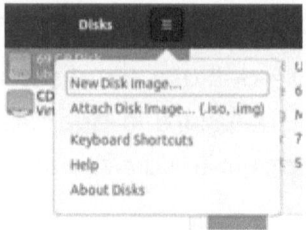

Scanner per documenti

Scanner documenti si applica solo se si dispone di uno scanner collegato al computer.

Nelle opzioni di scansione è possibile selezionare la modalità di scansione del documento e il tipo di documento.

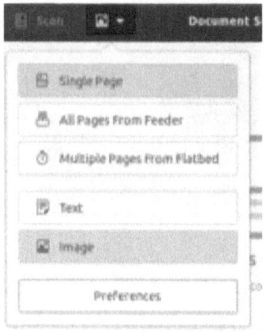

Visualizzatore di documenti

Il Visualizzatore documenti consente di visualizzare (ma non di modificare) i documenti.

Caratteri

Font mostra i font installati sul computer e consente di aggiungerne e rimuoverne altri.

Aiuto

La guida in linea è il punto in cui si trova la guida per l'utente di Ubuntu.

È suddiviso in base all'argomento.

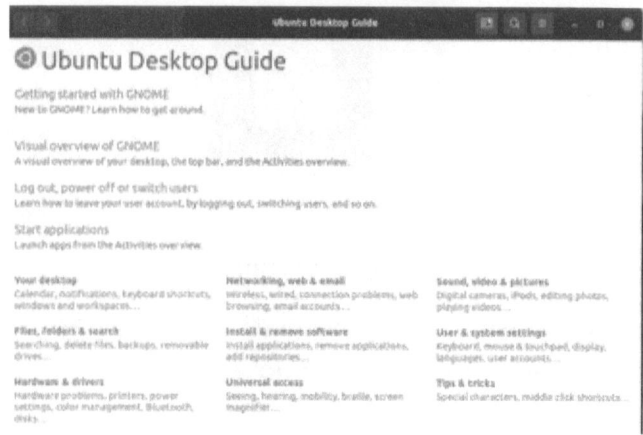

VISUALIZZATORE DI IMMAGINI

Il Visualizzatore documenti è il luogo in cui si visualizzano i documenti e il Visualizzatore immagini è il luogo in cui si visualizzano le immagini.

REGISTRI

Ogni volta che si verifica un bug o un problema con il software, se ne ottiene una registrazione nel registro, anche se non si nota il bug. Questo è utile se si sta risolvendo un problema con il software: a volte chiedono un registro.

Quando lo si apre, vengono visualizzati prima i registri Importanti e poi i registri per categoria.

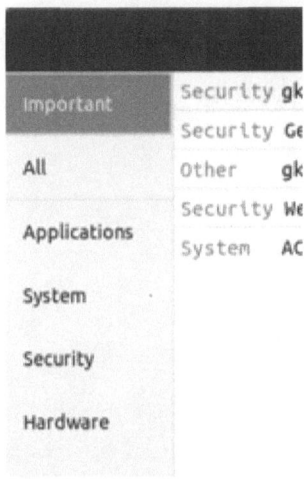

PASSWORD E CHIAVI

Vi è mai capitato di andare su Internet e vi dice "vuoi ricordare questa password"; se rispondete di sì, la memorizza qui.

È possibile visualizzare tutte le password e le chiavi o aggiungerne di nuove.

SCHERMATA

Screenshot consente di catturare ciò che si vede sullo schermo.

È possibile fotografare intere schermate o segmenti di una schermata o di una finestra.

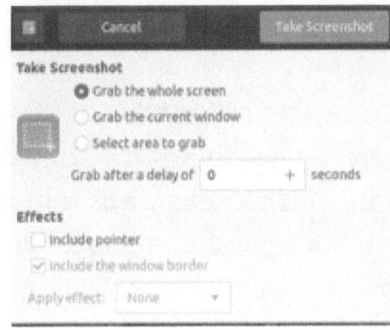

MONITORAGGIO DEL SISTEMA

Come suggerisce il nome, System Monitor consente di monitorare il computer.

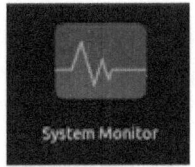

Se il computer sembra funzionare più lentamente del previsto, è possibile utilizzarlo per visualizzare la velocità e la quantità di memoria utilizzata. Da qui si può decidere se è necessario chiudere i programmi più avanzati.

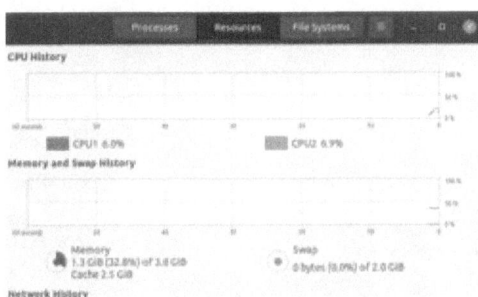

TERMINALE

Se utilizzate un computer da abbastanza tempo, probabilmente ricorderete i bei tempi del DOS di Microsoft e della riga di comando. Questo è il Terminale.

Probabilmente non userete il Terminale (se lo userete), ma l'idea di Terminal è quella di fornire un posto dove aggiungere le vecchie linee di comando che si usavano nel DOS. È un programma potente, ma più che altro per utenti avanzati.

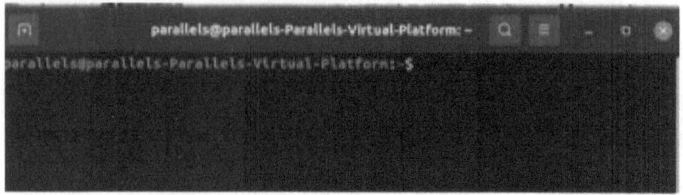

[5]
IMPOSTAZIONI DI UBUNTU

Questo capitolo tratta di:
- Impostazioni del mouse
- Display impostazioni
- Aggiunta di conti
- Notifiche
- E non solo!

Impostazioni È qui che si può iniziare a mettere a punto il sistema operativo, ma, come per le Utilità, è probabile che molte di queste impostazioni siano inutili.è probabile che molte di queste impostazioni siano cose che non si useranno mai. Questa sezione illustra le caratteristiche di ciascuna di esse.

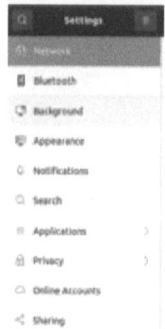

Rete

Rete è il punto in cui si va se si desidera modificare le impostazioni di rete, ad esempio se si desidera cambiare il wi-fi.

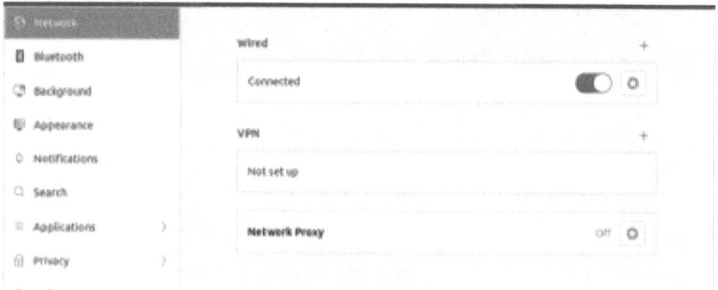

Bluetooth

Il Bluetooth è il punto in cui è possibile collegare cuffie, mouse e altri dispositivi Bluetooth senza fili. Sarà vuoto a meno che il dispositivo non sia in modalità di accoppiamento.

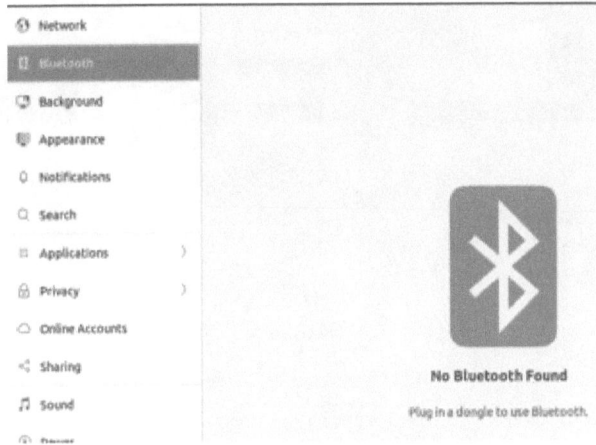

Sfondo

Sfondo cambia l'immagine del desktop.

Aspetto

Aspetto cambia la posizione degli oggetti sullo schermo (il dock, per esempio) e la dimensione delle icone; è anche possibile creare schemi in modalità scura.

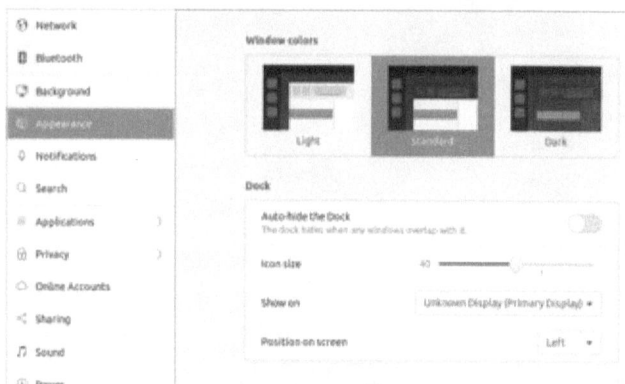

NOTIFICHE

Notifiche consente di modificare le impostazioni dei permessi per ogni app installata, in modo che alcune possano inviare notifiche push mentre altre no. Questo è utile se si desidera ricevere notifiche per le e-mail (le notifiche vengono visualizzate sullo schermo in piccoli riquadri rettangolari); si può anche attivare la modalità Non disturbare, che silenzia tutte le notifiche finché non la si disattiva.

RICERCA

Ricerca consente di attivare o disattivare la ricerca quando si cerca un file con lo strumento di ricerca.

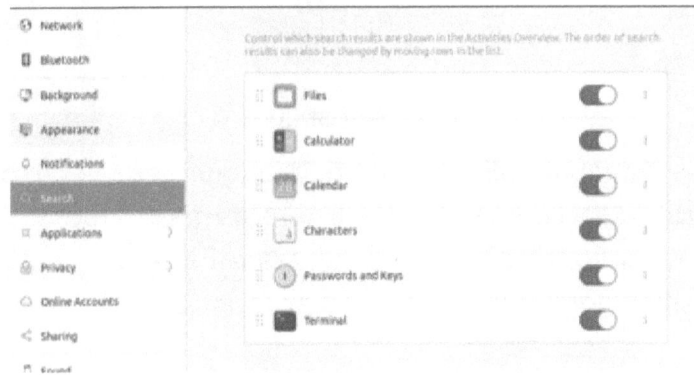

APPLICAZIONI

Applicazioni consente di modificare le impostazioni di sistema per ogni specifica applicazione.

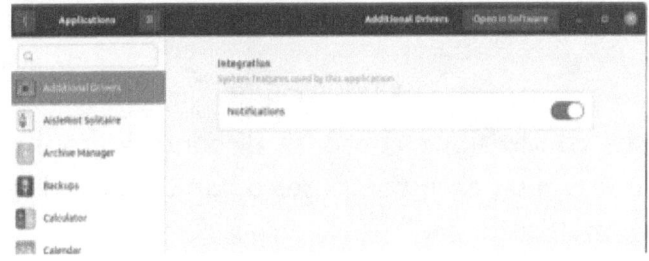

LA PRIVACY

Privacy consente di modificare le informazioni raccolte quando vengono attivate determinate azioni.

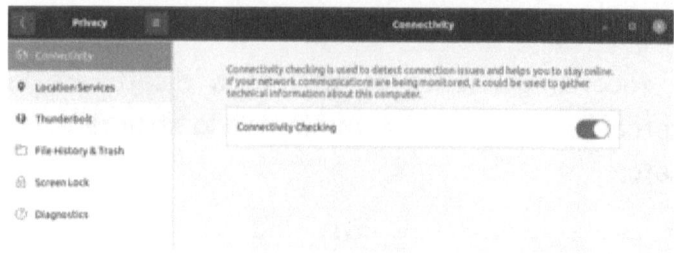

Conti online

Account online consente di aggiungere i login dei diversi account e di salvarli nel sistema operativo. Ad esempio, se si desidera utilizzare Facebook, è possibile aggiungere il proprio account qui.

Condivisione

La condivisione consente di condividere il computer con un altro computer o con un altro dispositivo multimediale.

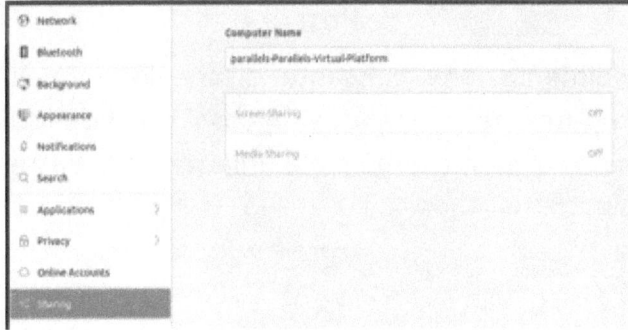

Suono

Suono consente di regolare il volume in uscita dal dispositivo, i livelli del microfono e il bilanciamento degli altoparlanti.

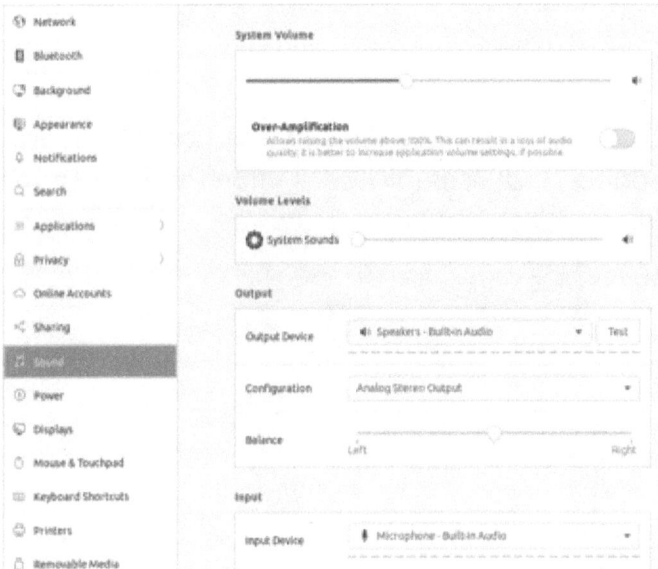

Potenza

Alimentazione consente di scegliere quando il computer va in standby e cosa succede quando perde l'alimentazione o sta utilizzando la batteria.

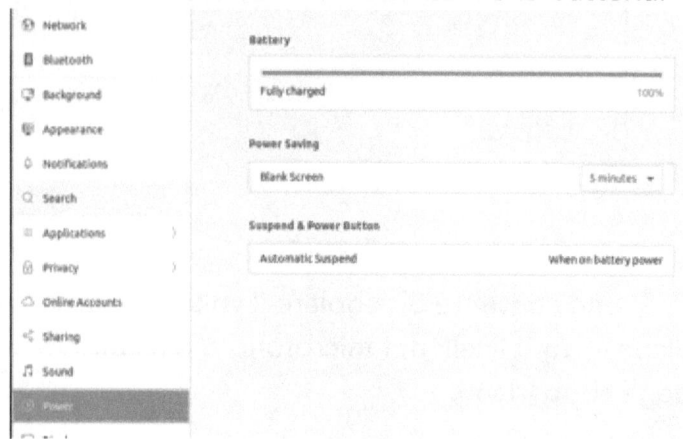

Display

Display consente di scegliere l'orientamento del monitor, ad esempio se il monitor è in modalità orizzontale.

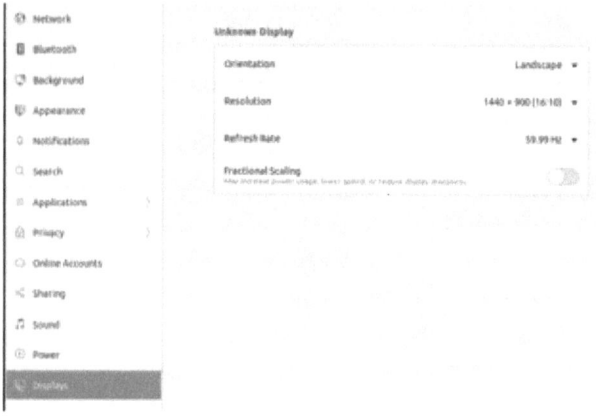

MOUSE E TOUCHPAD

Il mouse consente di scegliere i pulsanti principali e la velocità del mouse.

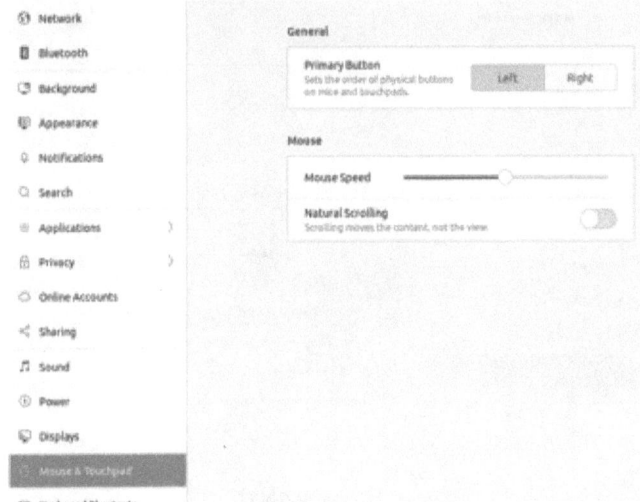

SCORCIATOIE DA TASTIERA

Scorciatoie da tastiera mostra l'elenco completo delle scorciatoie e consente di attivarne e disattivarne altre.

STAMPANTI

Stampanti mostrerà tutte le stampanti installate; se non ce ne sono, ci sarà un'opzione per installarne una.

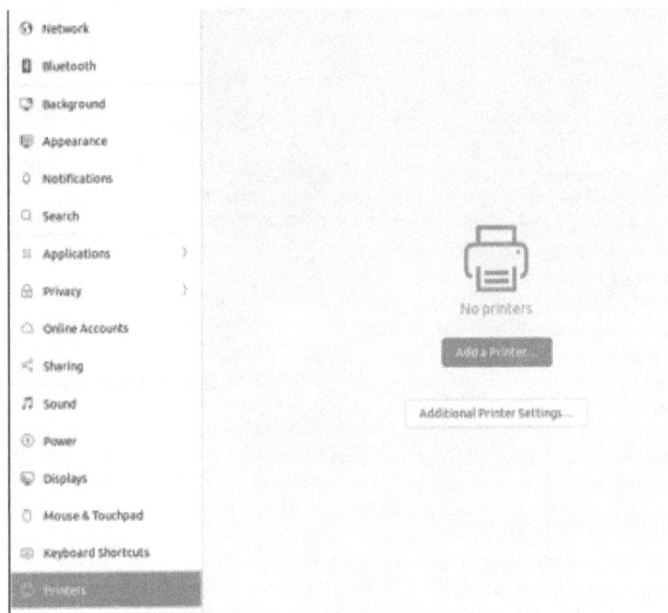

SUPPORTI RIMOVIBILI

I supporti rimovibili consentono di modificare ciò che accade quando un oggetto viene collegato al computer; per impostazione predefinita, viene chiesto cosa fare, ma è possibile modificarlo per avviare qualcosa.

COLORE

Color consente di aggiungere profili di colore ai display.

REGIONE E LINGUA

Per impostazione predefinita, Ubuntu avrà l'inglese come lingua, ma se preferite, potete aggiungere altre lingue al sistema operativo.

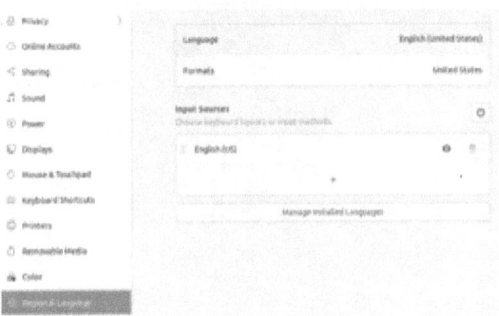

ACCESSO UNIVERSALE

L'accesso universale, noto come accessibilità sulla maggior parte dei dispositivi, consente di regolare le impostazioni in base a una disabilità; se si è ipovedenti, ad esempio, è possibile modificare il contrasto e le dimensioni del testo.

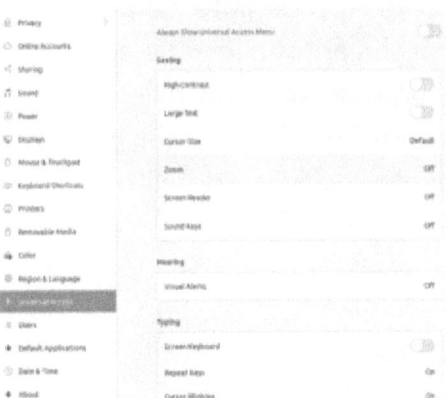

Utenti

Ubuntu può avere più profili utente, che si possono gestire qui. Ad esempio, potreste volere un profilo solo per i vostri figli.

Applicazioni predefinite

Applicazioni predefinite consente di cambiare i programmi che aprono le varie cose; ad esempio, se si installa un browser web diverso, è possibile renderlo il browser predefinito qui, invece di Firefoxche è attualmente quello predefinito.

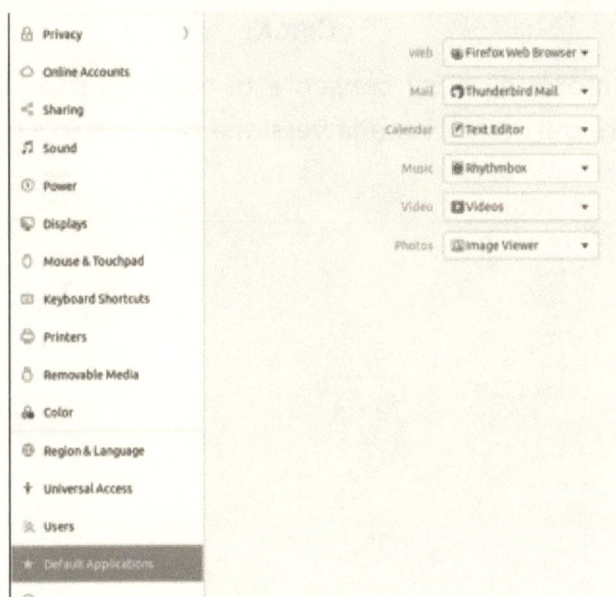

DATA E ORA

Data e ora consente di scegliere la regione in cui si vive, ad esempio se l'orario è PST o EST.

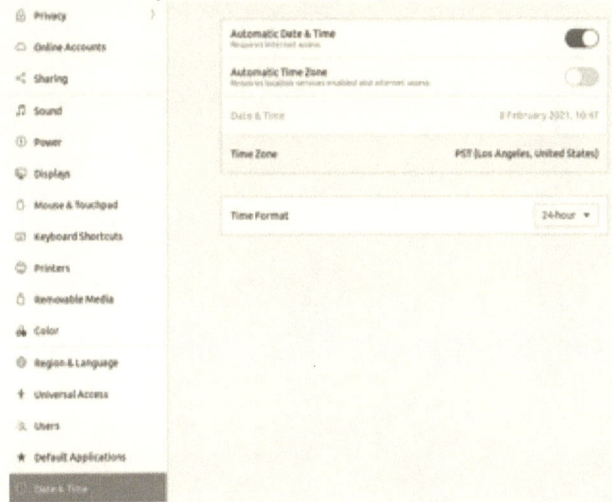

Circa

Informazioni su consente di vedere tutto l'hardware del computer e la versione di Ubuntu in uso.

[6]
SUGGERIMENTI E TRUCCHI

> Questo capitolo tratta di:
> - Consigli d'addio per ottenere il massimo da Ubuntu

Ora che sapete come muovervi in Ubuntu, ecco alcuni suggerimenti e trucchi che vi aiuteranno a sfruttarlo al meglio.

TERMINARE I PROGRAMMI CHE NON RISPONDONO

Avete visto come si può usare System Monitor per vedere cosa sta bloccando la memoria. Ma cosa fare per fermare ciò che sta occupando la memoria?

94 | *La guida ridicolmente semplice a Ubuntu OS*

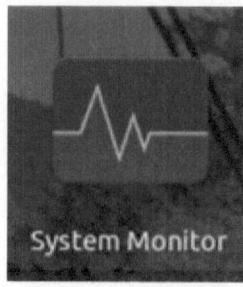

Se si va su Processi, quindi si ordina per "Memoria", si può vedere quello che sta usando più memoria; fare clic con il pulsante destro del mouse sul nome del processo e si otterrà un'opzione per terminarlo o eliminarlo.

SCARICARE UN AMBIENTE DESKTOP AMBIENTE

Se avete usato Windows o Mac, probabilmente vi entusiasmate quando esce un nuovo grande aggiornamento, perché significa che le cose potrebbero avere un aspetto diverso; questo è "più o meno" vero per Ubuntu, perché ci sono aggiornamenti che cambiano l'aspetto e la sensazione; ma potete anche cambiare l'aspetto e la sensazione scaricando un nuovo ambiente desktop.

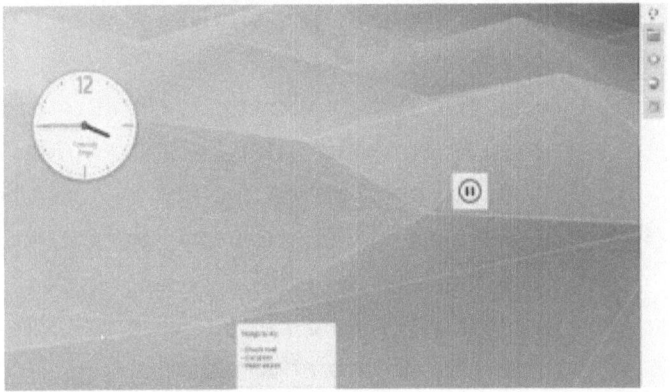

Gli ambienti desktop Gli ambienti desktop sono disponibili in tutti i tipi di stili. Cercate su Google "Linux Desktop Environment" e capirete cosa intendo, ma scaricatelo a vostro rischio e pericolo; alcuni ambienti sono più affidabili di altri.

INSTALLARE IL SOFTWARE

Avete visto il software che Ubuntu vi offre. Ma c'è molto di più! Ecco alcuni programmi popolari da controllare.

- **VLC** - Se guardate molti film scaricati, il miglior lettore video è VLC (https://www.videolan.org/vlc/index.html).
- **Gimp** - Se avete intenzione di modificare grafica e immagini, il programma ideale è Gimp (https://www.gimp.org).
- **Telegraph** - Per i messaggi di testo, Telegraph è diventato una delle soluzioni più popolari non solo su Ubuntu ma anche su altri sistemi operativi (https://telegram.org).
- **Kdenlive** Video Editor - Ubuntu non è esattamente noto per l'editing video, ma questo non significa che non si possa fare; Kdenlive Video Editor (https://kdenlive.org/) è un editor video efficace se volete modificare i vostri video all'interno del sistema operativo Ubuntu.
- **Foliate** - Se volete leggere libri su Ubuntu, allora avete bisogno di un eReader, e sfortunatamente la maggior parte dei negozi di eBook non offre un equivalente Linux delle loro applicazioni; se volete un eReader per leggere i vostri libri, allora provate Foliate (https://johnfactotum.github.io/foliate/).
- **Lollypop** - Il lettore musicale fornito con Ubuntu funziona benissimo, ma se volete provare un'alternativa, Lollypop

(https://wiki.gnome.org/Apps/Lollypop) è un'ottima piattaforma.
- **Cawbird** - Se siete innamorati dei tweet, allora avete bisogno di un client Twitter che funzioni in Linux; non potete sbagliare con il client Twitter Cawbird (https://ibboard.co.uk/cawbird/).
- **Chrome** - Firefox è un browser web veloce ed efficace; ma se vivete ancora nel mondo di Google, non preoccupatevi: Google Chrome è disponibile su Ubuntu. Scaricatelo qui: https://www.google.com/chrome/

INSTALLARE I GIOCHI

Probabilmente avrete sentito parlare di Switch, Xbox e PlayStation, ma probabilmente il sistema di gioco più popolare non è nessuno di questi. È Steam.

Steam è una popolare piattaforma di gioco che consente di giocare ai videogiochi su diversi sistemi operativi, tra cui Ubuntu. Il download è gratuito. I prezzi dei giochi variano, ma sono spesso più bassi di quelli dei dispositivi di gioco tradizionali.

[APPEN-DICE]

Scorciatoie da tastiera

Nota: il tasto super si trova solitamente in basso a sinistra sulla tastiera, accanto al tasto Alt. Su una tastiera Windows, di solito è il tasto con il logo di Windows.

Desktop Scorciatoie da tastiera

Alt+F1 o il tasto Super chiave	Passare dalla panoramica delle attività al desktop.
Alt+F2	Apre la finestra di comando a comparsa .

Super+Tab	Alterna le finestre.
Super+`	Passare da una finestra all'altra dalla stessa applicazione
Alt+Esc	Alterna le finestre dell'area di lavoro corrente.
Ctrl+Alt+Tab	Assegnare il focus della tastiera alla barra superiore.
Super+A	Visualizzare l'elenco delle applicazioni.
Super+Pagina su e Super+Pagina giù	Passare da un'area di lavoro all'altra.
Ctrl+Alt+Cancella	Visualizza la finestra di dialogo Spegnimento/Riavvio.
Super+L	Bloccare lo schermo.
Super+V	Rivela gli elenchi di notifica.
Ctrl+A	Seleziona tutto il testo o gli elementi.
Ctrl+X	Tagliare un testo o un elemento (cioè rimuoverlo)
Ctrl+C	Copia il testo o l'immagine negli appunti.

Ctrl+V	Incolla il testo o l'elemento nell'area selezionata.
Ctrl+Z	Annullamento

Prnt Scrn	Scattare un'istantanea
Alt+Prnt Scrn	Scattare uno screenshot solo di una finestra.
Shift+Prnt Scrn	Scattare un'istantanea di un'area specifica dello schermo
Ctrl+Alt+Maiuscolo+R	Avviare e interrompere la registrazione dello screencast.

INDICE

A

Aspetto 77
Applicazioni 48............, 79, 88

B

Bluetooth 76

C

Calendario 30

D

Desktop 20............, 34, 93, 96
Display 75..................., 82

F

Firefox 34..., 35, 52, 57, 88, 95
  Caratteri 69

G

Giochi 27..................., 95

I

Installare il .... software 93
Internet 2..............., 10, 34, 71

L

LibreOffice 27 .., 36, 37, 38, 39

N

Rete 76
Notifiche 75 ...., 78

P

Privacy 79

S

Impostazioni 18....., 23, 45, 75
Scorciatoie 83 ...., 96
Suono 81

T

Terminale 20 ...., 74
Editor di ....testo 51
Thunderbird 52
Da ....fare 53

U

Aggiornamenti 27 ...., 46, 47
  Aggiornamento 9
Utilità 8 ...., 58, 60, 75

V

Video 57........................., 94

SULL'AUTORE

Scott La Counte è bibliotecario e scrittore. Il suo primo libro, *Quiet, Please: Dispatches from a Public Librarian* (Da Capo 2008) è stato scelto dall'editore del Chicago Tribune e titolo Discovery del Los Angeles Times; nel 2011 ha pubblicato il libro YA The N00b Warriors, che è diventato un bestseller Amazon numero 1; il suo libro più recente è *#OrganicJesus: Finding Your Way to an Unprocessed, GMO-Free Christianity* (Kregel 2016).

Ha scritto decine di guide best-seller sui prodotti tecnologici.

È possibile contattarlo all'indirizzo ScottDouglas.org.

www.ingramcontent.com/pod-product-compliance
Lightning Source LLC
Chambersburg PA
CBHW031532210526
45464CB00020B/2305